APRENDE A SUPERAR TUS MIEDOS

Las claves para enfrentarse con decisión a los obstáculos

Por Coralie Closon

Traducido por Laura Soler Pinson

Coaching · en50MINUTOS.es

LAS CLAVES PARA EL ÉXITO

PARA IR MÁS ALLÁ   34

¿PODEMOS LIBERARNOS DE NUESTROS MIEDOS?

- **¿Problemática?** ¿Podemos liberarnos de nuestros miedos en la práctica para ser más eficaces y sentirnos mejor en el trabajo?
- **¿Utilidad?** En el ámbito profesional, la clave para evolucionar con total tranquilidad, teniendo el control sobre nosotros mismos y sobre nuestras capacidades es dominar nuestros miedos y no dejar que dirijan nuestra vida.
- **¿Contexto profesional?** Relaciones profesionales, cambio de trabajo, precariedad del empleo, entrevista, hablar en público, equilibrio entre vida personal y profesional.
- **¿Preguntas frecuentes?**
  - Siempre me siento angustiado antes de acudir al trabajo, pero no sé por qué. ¿Cómo supero este miedo?
  - Ya no le veo sentido a lo que hago y esta situación me colapsa y me angustia. ¿Cómo salgo de ella?
  - Cuando tengo que hablar frente a una asamblea, me invade el miedo. ¿Qué hago para vencer este estrés?
  - Cuando me encuentro frente a mi jefe, cambio totalmente de actitud, me muestro inquieto y pierdo la compostura. ¿Por qué?
  - Me gustaría modificar mis horarios de trabajo, pero no me atrevo a pedirlo. ¿Cómo procedo?
  - Mi empresa acaba de ser absorbida y me da miedo el futuro. ¿Cómo me enfrento a esta situación?
  - A corto plazo, ¿qué herramientas podrían ayudarme a gestionar los síntomas físicos causados por la angustia?

Hoy en día, la sociedad y el mundo laboral nos exigen cada vez más cosas y a mayor velocidad: lo que cuenta es el rendimiento. Las relaciones que mantenemos tanto con nuestros compañeros y con nuestros jefes como en nuestra vida privada sufren la misma presión. Nos queda menos tiempo para comunicar, para escucharnos y para comprendernos. Este ambiente genera miedos que, por fortuna, pueden superarse si empezamos por aceptarlos e identificarlos para, a continuación, comprenderlos. Y es que, aunque el miedo sea un sentimiento normal frente a algunas situaciones con las que no estamos familiarizados, esta emoción puede resultar extremadamente paralizante si no la tenemos un poco controlada.

Imagina estas situaciones: ¿ha llegado el momento de presentar ese proyecto en el que trabajas desde hace semanas, pero tus manos están sudorosas, apenas puedes respirar, tu ritmo cardiaco se acelera y no consigues articular palabra? Tras un comentario de tu jefe, ¿tienes un nudo en la garganta y te sientes incapaz de responderle? ¿Necesitas modificar tus horarios para obtener un mayor equilibrio, pero no te atreves a hablarlo con tu director? Estos son algunos de los momentos desagradables que, a menudo, forman parte de nuestra vida diaria.

Sin embargo, cuando permitimos que este tipo de situación se convierta en un acto reflejo, corremos el riesgo de meternos en un laberinto del que no sabremos salir. La ansiedad puede cohibir nuestras acciones y nuestras reacciones frente a un contexto o a una persona que nos inspira este sentimiento. Nuestra creatividad, nuestras iniciativas y

nuestra asertividad se ven reducidas y nos sentimos blo-
queados, incapaces de ser quienes somos. En teoría, podría-
mos esquivar el problema manteniéndonos en un espacio
seguro, conocido y sin peligros. Sin embargo, esta zona de
confort jamás nos dejará sentirnos realizados, sino más
bien lo contrario. Además, debemos tener en cuenta que la
realidad siempre termina por imponerse. Por lo tanto, solo
existe una solución: ¡enfrentarse a ello!

EL ABECÉ DEL TRABAJADOR SIN MIEDO

Una emoción básica

El miedo, que el diccionario de la RAE define como la «angustia por un riesgo o daño real o imaginario», resulta adecuado cuando nos protege de una amenaza real. En ese caso, se trata de una reacción instintiva que se convierte en un mecanismo de defensa eficaz contra una situación peligrosa. Sin embargo, también puede ser un producto de nuestra imaginación, la proyección de una posible amenaza. En términos generales, este último caso es el que nos encontramos en el mundo laboral. Por consiguiente, tendremos que entender las películas que imaginamos en nuestra mente para comprobar si tienen fundamento.

Según Paul Ekman (psicólogo estadounidense, nacido en 1934), el miedo forma parte de las cuatro emociones básicas junto con la alegría, la tristeza y la ira, por lo que es normal que lo sintamos. Por el contrario, no resulta tan natural que creemos un desfase entre nuestras reacciones y nuestras emociones. Pierre-Jean de Jonghe (*coach* y presidente de la Leading & Coaching Academy) describe tres tipos de miedo:

- **ocultar la emoción**, que es una estrategia de evitación («No quiero aceptar lo que siento, así que no lo expreso»);
- **exagerar la emoción**, que indica una falta de dominio sobre uno mismo («Grito a mis empleados a pesar de que

no estoy tan enfadado como para hacerlo»);

- **sustituir**, que consiste en expresar un sentimiento distinto al que estamos experimentando. Hablamos entonces de emoción *racket*. Esto es lo que sucede, por ejemplo, cuando nos reímos porque nos sentimos incómodos o porque tenemos miedo (la risa nerviosa).

Así, es importante que visualicemos nuestra forma de reaccionar cuando nos asalta el miedo. ¿Se adecua a la situación vivida?

Identificar el miedo

Para librarnos de la ansiedad, la primera etapa consiste en admitir su existencia. En segundo lugar, empezaremos por identificar de dónde proviene, por qué surge y qué podemos hacer para superarla. Este largo proceso tendrá que llevarse a cabo con una voluntad de cambio real si queremos solucionar el problema con éxito.

Tenemos miedo a expresarnos frente a nuestro superior, a fracasar, a enfrentarnos a alguien, a reafirmar nuestros límites, a hablar en público o a muchas otras situaciones. Estos miedos siempre están vinculados a la experiencia individual y pueden convertirse en auténticos obstáculos en nuestro día a día. Estos pensamientos llenos de ansiedad hablan de nosotros y de nuestras necesidades: por ejemplo, detrás del miedo al conflicto, a menudo encontramos la necesidad de seguridad afectiva. En el ámbito laboral, podemos distinguir tres tipos de miedo predominantes: el juicio social, el fracaso y la inseguridad. Si queremos derribarlos, tenemos que empezar por comprenderlos mejor.

Los impulsores

En análisis transaccional, el psicólogo estadounidense Taibi Kahler (nacido en 1943) identifica cinco *drivers* (también llamados «impulsores»). Estos mensajes crean líneas de conducta heredadas de nuestros padres y de nuestra educación que influyen en nuestras reacciones y nos llevan a adoptar un comportamiento inconsciente cuando nos encontramos en una situación particular. Esto resulta problemático cuando estas actitudes son inadecuadas y suponen un obstáculo para nuestra evolución. Entonces, los miedos pueden echar raíces e interferir en un comportamiento auténtico.

Una descripción de cada uno de estos impulsores te ayudará a reconocer estos mecanismos que actúan en ti y en los demás, y podrás conocerte mejor y comprender en mayor medida al otro. Aparca los juicios de valor y sé más tolerante contigo mismo y con el resto. Por supuesto, recuerda que todos estos métodos y herramientas se presentan de un modo muy esquemático: cada persona es única y puede guiarse por varios impulsores con tendencias más o menos pronunciadas.

- **Sé perfecto**: cuando se exige la perfección a lo largo de la infancia, cuando no se tolera el fracaso y no se valora el esfuerzo, probablemente el adulto tenderá hacia un perfeccionismo obsesivo. Si este es tu caso, seguro que estás estresado y te muestras intransigente tanto contigo mismo como con los demás. En resumen, eres un eterno insatisfecho. ¿Qué miedo está vinculado a este impulsor? El de no ser aceptado en la sociedad ni querido por el resto si no resultamos perfectos.

- **Sé fuerte**: este impulsor refleja una educación estricta en la que las emociones y los sentimientos no siempre tienen cabida. Se privilegia la individualidad y buscar ayuda se considera una señal de debilidad. En términos generales, una persona afectada por este mensaje es disciplinada y exhibe frialdad ante las emociones de los demás. Su miedo es mostrar las suyas, y tenderá a evitar las situaciones en las que corra algún riesgo —es decir, aquellas que la obliguen a enfrentarse a sus emociones y, por lo tanto, a exponer sus puntos débiles—.
- **Date prisa**: «¡Rápido, hijo, que vamos a llegar tarde!». Desde nuestra infancia, debemos darnos prisa para ir a la escuela, para bañarnos, para comer, etc. Si este es tu impulsor principal, a menudo llegas tarde, no dejas de correr por todas partes y tu agenda está a rebosar. De manera inconsciente, buscas el estrés del tiempo que se escapa para rendir. Probablemente creas que cuanto más ocupado estás, más eficaz eres. Pero, cuidado, corres el riesgo de que el cansancio te gane la partida y la angustia puede aparecer cuando vuelva la calma.
- **Complace**: este impulsor afecta al niño que ha aprendido a golpe de «Acábate el plato para hacer feliz a mamá» que, para que lo valoren, tiene que complacer al adulto. Cuando ese mismo niño llega a la edad adulta, dará prioridad al placer y a las necesidades de los demás por encima de las suyas. Se sentirá vivo cuando ayuda; entonces, le resultará difícil negarse a algo. El individuo que sigue este esquema solo tiene un miedo: que ya no lo aprecien si no hace lo que le piden. Si te ves reflejado en

esta idea, asegúrate de que no te están explotando.

- **Esfuérzate**: con este tipo de mensajes, la vida se nos presenta como una lucha permanente. Con este impulsor, el niño recibe la información de que lo importante son los esfuerzos realizados, no el resultado en sí. El miedo surge cuando ya no se debe trabajar más o cuando los demás no hacen los esfuerzos que uno considera suficientes. Este miedo puede convertirse en miedo al fracaso, a lo simple e, incluso, al éxito.

Ahora que cuentas con una visión más clara de estos impulsores, observa tu posición desde un punto de vista objetivo (lo que llamamos metaposición). Tómate tu tiempo para reflexionar acerca de tus manías, tus obsesiones, tu actitud en tus relaciones profesionales, el tipo de educación que das a tus hijos, etc.

Encontrarás este pequeño ejercicio de *autocoaching* en la sección «¡Ahora es tu turno!», con el que podrás autoanalizarte para destapar tus impulsores y los distintos comportamientos vinculados a ellos. Intenta siempre mantener la objetividad y tomar la mayor perspectiva posible. Por ejemplo, si no logras negarle algo a tu jefe o, incluso, a tus empleados, pregúntate si realmente existe una justificación para ello o si se trata de la expresión de tu impulsor. Si llegas tarde sistemáticamente y la tranquilidad te angustia, ¿eras consciente de que esto podía provenir de tu entorno, de un patrón que se repite? Y para acabar, ¿los comportamientos que has desarrollado durante tu infancia todavía tienen cabida en la actualidad?

En análisis transaccional, existen cinco «permisos» que

pueden ayudarte a cambiar por completo tus impulsores. Intenta practicarlos a diario y no olvides que cada persona tiene su técnica: puedes repetirlos en voz alta, cantarlos, escribirlos en un pósit o en un cartel, etc.

Permisos	Permisos
Sé perfecto	Sé tú mismo. Tienes derecho a equivocarte. La perfección no existe.
Sé fuerte	Ábrete. Tienes derecho a sentir emociones y a expresarlas.
Date prisa	Tómate tu tiempo. Adopta un ritmo eficaz y adaptado. No sirve de nada que te apresures, ya que puedes estropear las cosas.
Complace	Complácete. Vive de acuerdo con tus valores y cuídate.
Esfuérzate	Fíjate tus propios límites y tus objetivos, siempre restringiéndote. No te servirá para nada estar demasiado cansado.

ATENCIÓN

Si no logras experimentar un sentimiento positivo reafirmando tu posición y te sientes incómodo, probablemente significa que existe un elemento de más peso y más profundo en tu vida que te impide avanzar. En ese caso, no dudes en acudir a una persona externa para que te ayude.

Por lo tanto, los impulsores tienen un efecto perverso sobre el comportamiento y pueden llevar a miedos y angustias sin justificación, que son del orden de la autocrítica o del juicio de los demás hacia nosotros. Son el origen de nuestras creencias limitantes —de las que hablaremos en la siguiente sección— que a su vez generan nuestros miedos y nuestros pensamientos ansiosos.

Cuidado, no se trata nunca de erradicar por completo un comportamiento, sino de conservar y destacar aquello que puede resultarnos positivo frente a ciertas situaciones y de modificar lo demás. Presentamos algunos ejemplos de las «cualidades de nuestros defectos» en relación con los impulsores:

- el «Sé perfecto» es un trabajador de calidad;
- el «Sé fuerte» ofrece una gran resistencia a situaciones de estrés y a la presión, sabe gestionar las crisis;
- el «Date prisa» reacciona con gran rapidez y puede cumplir con plazos muy breves;
- el «Complace» resulta una compañía agradable y empática;
- el «Esfuérzate» es paciente y perseverante.

Las creencias

Los impulsores nos llevan a las creencias. La mayor parte del tiempo, nuestros miedos están relacionados con estas. Desde que nacemos, nuestras experiencias y nuestro entorno nos llevan a generar creencias que quedan arraigadas en nuestro inconsciente. Son un compendio de todas las conclusiones que hemos sacado de nuestras vivencias, incluidas las que nos dictan nuestros impulsores. Todas ellas conforman nuestra visión del mundo, nuestras certezas y nuestros miedos. Dictan nuestro comportamiento, nuestra forma de reaccionar frente a las situaciones y nuestras opiniones de una forma totalmente inconsciente. Se revelan como elementos fuertes a los que difícilmente se puede destronar. Tendemos a protegerlas para mantener la coherencia en nuestra visión del mundo.

Existen dos tipos de creencias, las limitantes y las potenciadoras:

- las creencias potenciadoras son positivas («Puedo lograrlo»), nos brindan energía, nos estimulan durante la acción, nos otorgan permisos y confianza;
- las creencias limitantes son las que nos alejan de la acción. Se trata de una visión de la vida que nos lleva a pensar que no nos merecemos algunas cosas o que no podremos lograrlo. Corren un velo sobre la realidad y pueden generar auténticas angustias. Si, por ejemplo, estamos convencidos de que no nos merecemos un ascenso, inconscientemente pondremos todo de nuestra parte para que esta creencia se convierta en una verdad.

En este punto, lo que nos resultará interesante es saber cómo vamos a superar estas creencias limitantes de las que nacen nuestros miedos y nuestros pensamientos ansiosos. En el ámbito del *coaching*, la herramienta básica es la revisión a través del cuestionamiento. El objetivo es adoptar otro punto de vista de la situación, otra percepción de lo que vemos como una certeza en nuestra realidad. Para ello, necesitamos una auténtica amplitud de miras y unas ganas o una necesidad de cambio sinceras. Tendremos que destruir las conclusiones a las que hemos llegado a lo largo de toda una vida, nos «desformatearemos» para reprogramarnos. Para ello, pregúntate acerca del fundamento de todas tus certezas y encuentra ejemplos de tu vida que las refutan (puedes basarte en el método The Work de Byron Katie, del que hablaremos en la sección «¡Ahora es tu turno!»). No te canses de buscar, ya que cuantos más argumentos tengas contra esta certeza, más rápido podrás demolerla. A continuación, pasa a la acción para arraigar tus nuevos pensamientos positivos, cultívalos, pruébalos en tu día a día para que, poco a poco, formen parte de ti y de tu vida diaria.

Las necesidades

La neurociencia nos confirma que no sirve de nada decirse a uno mismo: «¡deja de tener miedo!». Primero, debemos volver a sumergirnos en nuestras creencias, en nuestras necesidades y en nuestras emociones para comprender nuestra angustia, y así podremos tratarla a continuación. Muchos intentarán disimular su miedo y gastarán en ello toda su energía, llegando incluso al agotamiento o al síndrome de desgaste profesional. Por lo tanto, es fundamental que no intentes soterrar tus angustias, sino que hables de ello para liberarte.

Para saber si tu motivación para cambiar resulta lo suficientemente poderosa y, en este caso, la motivación para controlar tus miedos, necesitas descubrir qué necesidad insatisfecha se esconde detrás. Cuanta más importancia le atribuyas a esta última, más te estimulará.

Para ayudarte en este proceso, la pirámide de Maslow representa las distintas necesidades a las que podemos vernos confrontados. Las clasifica en cinco niveles, ordenadas según su importancia. Según Abraham Maslow (psicólogo estadounidense, 1908-1970), todas estas necesidades se encontrarían dentro de todos nosotros, pero algunas predominarían sobre el resto. En su opinión, solo podemos actuar sobre nuestras motivaciones superiores si las inferiores están satisfechas.

Intenta identificar las necesidades a las que eres más sensible y que podrían alimentar tu ansiedad. Por ejemplo, si tu necesidad de autoestima no se ve respetada en una situación, ser consciente de ello aumentará tu motivación para actuar.

La pirámide de Maslow

EMPEZAR A TRABAJAR SOBRE UNO MISMO

Los estados del yo

Acabamos de ver cuál puede ser el origen de nuestros miedos. Sin embargo, en este apartado nos vamos a centrar en quién se encuentra a la cabeza de estos miedos, qué parte de nosotros. De nuevo, esto nos permitirá replantearnos la coherencia de nuestras angustias y nos proporcionará material sobre el que podremos basarnos.

Éric Berne (psiquiatra estadounidense, 1910-1970), el padre del análisis transaccional, describe tres estados internos de una persona en un momento dado frente a una situación determinada y los intelectualiza para que podamos descifrarlos mejor. Por lo tanto, debemos tomarlos como herramientas de análisis del comportamiento y del desarrollo que evocan lo que ocurre en nuestro fuero interno.

Los estados del yo

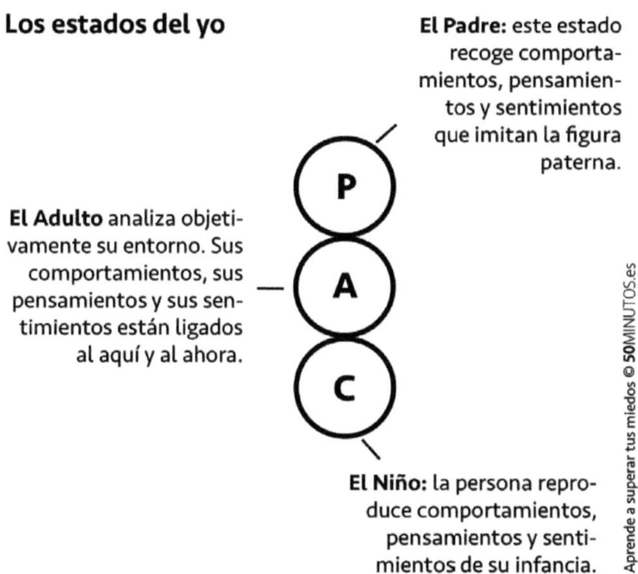

Intenta descubrir los momentos de tu vida en los que actúas como un niño y aquellos en los que adoptas un comportamiento que copias de tus mayores. Si no logras identificarlos de esta manera, piensa simplemente en momentos en los que has reaccionado inmediatamente e intenta comprender qué ha influido en tu reacción. Por ejemplo, imaginemos que has tenido sudores fríos solo de pensar que tienes que hablar en público. ¿Quién se encuentra a la cabeza de este miedo? A menudo, te encontrarás con el Niño, y ser consciente de ello te permitirá dar un primer paso hacia el cambio. ¿Cómo actuarías si el Adulto tomara las riendas y qué necesitas para que así sea? ¿Con qué recursos cuentas?

Para encontrar el equilibrio, todos necesitamos estos tres estados. El Adulto sirve para que reaccionemos adecuadamente frente a una situación inmediata, el Niño nos brinda nuestro toque de locura, nuestra espontaneidad, y el Padre nos aporta las normas de la sociedad. Cada estado nos proporciona varios recursos. Aquí te presentamos algunos:

- el Padre aporta los valores, las creencias, las reglas y las opiniones;
- el Niño aporta las emociones, la intuición y la curiosidad;
- el Adulto aporta la lógica, la información y el análisis objetivo.

También resulta interesante el hecho de que estos estados influyan en nuestras relaciones. Las transacciones entre dos personas son sencillas cuando ambas desempeñan el papel de Adulto, pero, claramente, esto no siempre es así. Los miedos pueden derivar de un problema de comunicación. Por consiguiente, es fundamental que aclaremos las transacciones entre los protagonistas de una situación de estrés.

Las tres transacciones posibles

- La transacción puede ser **complementaria o paralela** cuando la respuesta es adecuada. Solo implica dos estados del yo: uno por persona. Por ejemplo: adoptas una actitud de Niño frente a tu jefe y tu jefe te responde como un Padre. La comunicación funciona.

- La transacción puede ser **cruzada**. Por ejemplo: tu jefe te habla como Adulto y reaccionas como Niño, sin duda porque la situación te recuerda a otro momento. Se rompe la comunicación.

- La transacción **ulterior doble** también se desarrolla a nivel psicológico: no solo está el mensaje verbal, sino que además nos encontramos con un mensaje no verbal. Esta transacción de segundo nivel está escondida y, a menudo, es inconsciente. Por ejemplo: tu jefe te pregunta la hora, cuando la reunión va a comenzar en seguida. Lo consideras un reproche y, aunque verbalmente respondes como un Adulto, en tu fuero interno te sientes mal y tanto tus gestos como el tono de tu voz responden como un Niño. Se rompe la comunicación.

Las tres transacciones

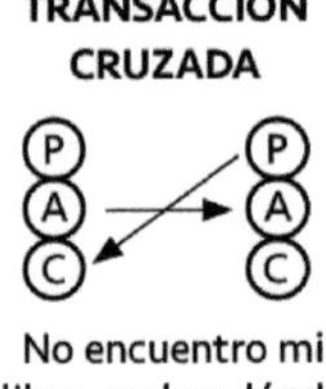

Así, es importante que nos cuestionemos constantemente para llegar a entender dónde se corta la comunicación.

Estos estados del yo son útiles como herramienta de análisis situacional, pero también como fuente de motivación para el cambio cuando derivan en una toma de conciencia. Si, por ejemplo, ya no le ves el sentido a tu trabajo, pregúntate quién piensa esto: ¿el Niño con sueños de antaño? ¿Qué sueños tenía? ¿Qué quiere el Adulto? ¿Podemos encontrar un equilibrio para volver a la tranquilidad? Pongamos un ejemplo relacional: si tienes miedo de responder a tu jefe o a un compañero, ¿quién se asoma en ese momento? ¿Por qué? ¿Qué te inspira tu interlocutor? ¿En qué posición se encuentra él en ese mismo momento? ¿Qué podrías llevar a cabo para que cambiaran las cosas?

La situación nos llevará a un autocuestionamiento y principalmente gracias a este podremos superar nuestros miedos. Mantén siempre la mente abierta y sé lo más objetivo posible. La teoría solo está para ofrecerte las vías de investigación.

LOS MEJORES CONSEJOS

- Tómate tu tiempo para comprender y analizar tanto la situación como a todos los actores que desempeñan algún papel en ella. Más en particular para aquellos cuyo impulsor dominante sea «Date prisa»: no os precipitéis a la hora de establecer un juicio y de sacar una conclusión. Nada es solo blanco o solo negro y todos somos en parte responsables de lo que nos ocurre. Si somos conscientes de nuestra responsabilidad, estaremos dando el primer paso hacia el cambio. Si tienes miedo de acudir a la oficina, no significa obligatoriamente que tu jefe te acosa. A menudo, los sesgos de la mente son una causa importante de nuestra reclusión.
- Cuando pienses en una situación que te plantea un problema, intenta fijarte un objetivo claro y realista para superar tu miedo poco a poco. Formúlalo de manera positiva y elabora una lista de tareas para alcanzarlo. Redacta igualmente una lista con tus recursos internos y con las personas de tu entorno que podrían ayudarte.
- Jamás pierdas de vista tus necesidades. Si no se respetan en tu camino hacia el cambio, no lo culminarás con éxito.
- La acción nos impide procrastinar, y cuanto más te encierres en tu miedo, más se convertirá en el dueño de tu vida. Ponte manos a la obra cuanto antes. La acción lleva a la acción, así que en seguida te sentirás actor del cambio y aumentará tu motivación.
- Si te sientes completamente perdido con respecto a tu lugar dentro de la empresa o si tu ansiedad se encuentra únicamente en el nivel comunicativo entre tus compañe-

ros y tú, puedes llevar a cabo una evaluación de 360°. Esta técnica consiste en elaborar una lista de preguntas sobre ti para las personas de tu empresa y en pedirles un *feedback*. Por ejemplo: ¿quién soy como superior? ¿Cuáles son mis virtudes y mis defectos como dirigente? ¿Cómo podría mejorar?, etc. A menudo, abrir la comunicación es una fuente de bienestar general. Aunque existen elementos que encajaremos con dificultad, se trata de un enfoque excelente para obtener una perspectiva nueva sobre una situación en la que nos hemos quedado atascados. Debemos estar preparados para recibir críticas, pero también cumplidos.

- Nunca te quedes solo frente a tus miedos, intenta encontrar siempre a alguien con quien compartir tus problemas: un amigo, un compañero, un miembro de tu familia o un *coach* profesional. Hablar de tus temores te ayudará a desdramatizarlos.
- Si uno de los temas abordados te afecta en especial, no dudes en documentarte para ir más allá. Todos tenemos una sensibilidad diferente y no todas las herramientas sirven para todo el mundo. Encuentra tu propia fórmula para liberarte de lo que te angustia.
- Nunca permitas que el miedo te invada por completo y te paralice. En cuanto aparezca, páralo con ayuda de un anclaje (consulta la sección «Preguntas frecuentes»), de la respiración, de la meditación, etc.
- Intenta mantener el optimismo independientemente de lo que ocurra. No hay nada peor que dejarse invadir por los pensamientos oscuros para hacerse un ovillo y evitar afrontar el miedo. Utiliza el método Coué, por ejemplo, repitiéndote que puedes lograrlo.

- Durante tu proceso, cuestiónate a ti mismo a través del autocuestionamiento y de la metaposición, que te permitirán mantener tu objetividad y ampliar tu perspectiva de la situación.
- Cuando haya finalizado todo el proceso de cuestionamiento y saques un objetivo claro, incrementa los pequeños actos de valentía y de acción para reforzar tu nueva voluntad. Tras esta pequeña victoria, no te duermas sobre los laureles tan rápido.

PREGUNTAS FRECUENTES

SIEMPRE ME SIENTO ANGUSTIADO ANTES DE ACUDIR AL TRABAJO, PERO NO SÉ POR QUÉ. ¿CÓMO SUPERO ESTE MIEDO?

Ya has aceptado que tienes un problema, así que ¡enhorabuena! Ahora, tienes que empezar a investigar cuál es el origen de este miedo. ¿En qué deriva esta angustia y en qué momento preciso se manifiesta? Cuando sientas que se acerca, detente sobre ella, experiméntala e interrógala antes de llegar a tu oficina. Cierra los ojos: ¿cuáles son tus síntomas? ¿Qué los desencadena? ¿Está justificado? Una vez que hayas identificado la razón, podrás trabajar sobre tu miedo para superarlo.

YA NO LE VEO SENTIDO A LO QUE HAGO Y ESTA SITUACIÓN ME COLAPSA Y ME ANGUSTIA. ¿CÓMO SALGO DE ELLA?

¿Tu trabajo te decepciona? ¿No ves adónde te lleva? ¿Te estás volviendo crítico con tus compañeros, sobre todo con los que viven bien esta situación? ¿No sabes cómo escapar de estas arenas movedizas? En este caso, el origen de tu miedo parece tener unas raíces profundas y, sin duda, deberías plantearte acudir a una sesión de *coaching* con un profesional para redefinir tus necesidades y tus valores, lo que te permitirá a la larga volver a encontrar una cierta tranquilidad.

CUANDO TENGO QUE HABLAR FRENTE A UNA ASAMBLEA, ME INVADE EL MIEDO. ¿QUÉ HAGO PARA VENCER ESTE ESTRÉS?

En este caso, puede que se trate de una creencia limitante, de una vocecita que te susurra que no eres capaz de hacerlo. No dejes que tu inconsciente dirija tu vida. ¿No tienes el recuerdo de una vez en la que hablaste en público y el resultado fue bueno? ¿Qué significa para ti ser «incapaz»? ¿Cuáles son los comentarios que recibes sobre tus presentaciones?

En este caso, el modelo SCORE (que encontrarás en la sección «¡Ahora es tu turno!») puede servirte de ayuda.

CUANDO ME ENCUENTRO FRENTE A MI JEFE, CAMBIO TOTALMENTE DE ACTITUD, ME MUESTRO INQUIETO Y PIERDO LA COMPOSTURA. ¿POR QUÉ?

Empieza por analizar el origen de este malestar: ¿qué actitudes de tu jefe provocan esta situación? Intenta descubrir qué emociones estás experimentando: ¿miedo, ira, tristeza? ¿Están justificadas? A menudo, tu respuesta objetiva será «no». Pregúntate entonces si te recuerda a alguien. Puede que te encuentres con la imagen de otra persona que has asociado a tu jefe o, simplemente, al puesto que ocupa. Darse cuenta constituye una primera etapa. Ahora hay que intentar trabajar sobre esta asociación.

Por ejemplo, si actúas como un Niño (*cf.* «Los estados del yo») ante un jefe que te recuerda a tu padre con el que tienes problemas relacionales, modifica esta asociación a través de un replanteamiento/nuevo enfoque. ¿Son iguales? ¿La relación es la misma? ¿Está justificado que adoptes este estado del yo? Reflexiona acerca de lo que puedes llevar a cabo para que la situación cambie: hablarlo con tu jefe, con tu padre, adoptar otra actitud ahora que eres consciente, etc.

ME GUSTARÍA MODIFICAR MIS HORARIOS DE TRABAJO, PERO NO ME ATREVO A PEDIRLO. ¿CÓMO PROCEDO?

No te atreves a negarte a acudir a una reunión, lo que reduce tu tiempo personal y aumenta tu estrés. Pregúntate en primer lugar qué pasaría si te armaras de valor para hablar sobre ello. ¿Cuáles son tus temores y los riesgos que realmente corres? ¿Todos tus compañeros están en la misma situación? A continuación, identifica claramente tu necesidad: te ofrecerá la motivación para alcanzar tu objetivo. Por último, pregúntate qué acciones concretas podrías llevar a cabo, como comprar otro teléfono para el ámbito privado, enviar un correo electrónico para informar de tu disponibilidad, hablar a tu superior, etc. Puedes basarte en el modelo SCORE para llegar hasta tu meta (*cf.* «¡Ahora es tu turno!»)

MI EMPRESA ACABA DE SER ABSORBIDA Y ME DA MIEDO EL FUTURO. ¿CÓMO ME ENFRENTO A ESTA SITUACIÓN?

¿De qué tienes miedo realmente? ¿De perder tu identidad, de perder tu trabajo, del cambio en general? ¿Este miedo se adecua a la realidad? Para ayudarte a tomar perspectiva frente a la situación y a arrojar algo de luz, utiliza el autocuestionamiento para los pensamientos ansiosos (en la sección «¡Ahora es tu turno!»). Una vez que tu punto de vista sea más objetivo, podrás trabajar sobre tus metas y sobre cómo puedes alcanzarlas (modelo SCORE).

A CORTO PLAZO, ¿QUÉ HERRAMIENTAS PODRÍAN AYUDARME A GESTIONAR LOS SÍNTOMAS FÍSICOS CAUSADOS POR LA ANGUSTIA?

La experiencia del anclaje es un método que permite que dispongamos de un recurso personal cuando queramos. Es fácil de usar y puede resultarte útil en situaciones en las que te sientes incómodo. ¿Cómo?

- Elige un recurso interno del que dispongas, como «Escribo muy bien».
- Asócialo a un acontecimiento del pasado que está en tu memoria, como el orgullo que experimentaste cuando obtuviste tu primer premio en la escuela tras una redacción.
- Cierra los ojos y revive la experiencia de nuevo. Asocia esta sensación a un gesto como el puño cerrado, la mano sobre el vientre, los dedos cruzados, etc. Repítelo al menos tres veces mientras revives la experiencia.
- Comprueba que el gesto que has escogido se asocia perfectamente a este recurso interno.
- Ahora es tu turno, utiliza este gesto cada vez que lo necesites.

¡AHORA ES TU TURNO!

DESCUBRIR NUESTROS IMPULSORES

Rellena la tabla que te presentamos aquí abajo para descubrir tus impulsores dominantes y las consecuencias que tienen en ti.

En la primera columna, anota en una escala de 1 (más débil) a 10 (más marcado) en qué medida piensas que te afecta cada uno de estos impulsores. En segundo lugar, escribe ejemplos concretos acerca de la manera en la que se manifiestan en ti. Después, apunta los inconvenientes, lo que perjudica a tus relaciones, lo que influye en cómo te ves, etc. A continuación, marca las ventajas de cada impulsor. Para acabar, intenta identificar las acciones que puedes llevar a cabo para encontrar un equilibrio que se base en las ventajas y que elimine al máximo los inconvenientes.

	Nivel	Manifestación	Inconvenientes	Ventajas	Equilibrio
Sé perfecto					
Sé fuerte					
Date prisa					
Complace					
Esfuérzate					

Este pequeño test te permitirá entender mejor cómo funcionas y por qué. Tras haber analizado con lupa los distintos impulsores que conviven contigo, por fin puedes visualizar si tus emociones y tus comportamientos son adecuados. Esta toma de consciencia reforzará tu voluntad de cambio en las zonas donde resulta indispensable. De esta manera, los permisos se vuelven todavía más poderosos.

AUTOCUESTIONAMIENTO SOBRE LOS PENSAMIENTOS ANSIOSOS

Cuanto más intentas negar tus miedos, más aumentas tu ansiedad a largo plazo. La impresión de alivio inmediato que consigues con la evitación no es más que un engaño que pronto se convertirá en angustia profunda. Para enfrentarte a tus pensamientos ansiosos, hemos visto que el autocuestionamiento es un arma poderosa. Te presentamos una serie de preguntas pertinentes sacadas del libro *Le guide de psychologie de la vie quotidienne* (André 2008):

- ¿Estoy seguro de que lo que temo va a suceder? ¿Con qué argumentos cuento para asegurar que lo que pienso es cierto?
- ¿Qué es lo peor que puede ocurrirme?
- ¿He vivido alguna situación similar anteriormente? ¿Mis predicciones eran ciertas? ¿Se convirtieron en realidad?
- ¿Qué dicen las estadísticas acerca de este tema?
- ¿Qué se diría una persona que no tiene miedo en esta situación?
- Si lo que pienso se hace realidad, ¿qué puedo hacer?

Estas preguntas intentan que adoptemos una visión más realista de nuestro miedo, basada en hechos y no en creencias.

THE WORK, DE BYRON KATIE

El miedo que sentimos no siempre está justificado. Por consiguiente, si queremos erradicarlo, debemos analizar con precisión la situación. The Work es un método de autocuestionamiento sencillo, pero poderoso. El objetivo es que alcancemos la felicidad cuestionando los pensamientos que provocan nuestro sufrimiento. En cuanto te enfrentas a un pensamiento estresante, plantéate las siguientes cuatro preguntas:

- ¿Es verdad?
- ¿Estoy completamente seguro de ello?
- ¿Cómo influye este pensamiento en mis reacciones?
- ¿Qué sería yo sin este pensamiento?

Enfoca este pensamiento de diversas maneras (por ejemplo: «Nunca me escucha» puede convertirse en «Siempre me escucha», «Nunca lo escucho», «A veces me escucha», etc.), y encuentra al menos tres buenas razones por las que cada enfoque también es cierto —a veces más que la afirmación original—. El objetivo de este método es que nos despertemos y derribemos nuestras certezas. ¡Inténtalo!

EL MODELO SCORE

Este modelo, creado por Robert Dilts, asesor y formador estadounidense de PNL (programación neurolingüística), nos permite superar obstáculos para alcanzar nuestros objetivos. Este modelo puede emplearse en casi todas las situaciones, siempre que exista un objetivo claro y un obstáculo identificado. En nuestro caso, el obstáculo sería el miedo y la angustia generados por una situación.

Por ejemplo, tienes miedo de hablar en público (obstáculo), pero tienes que hacer una reunión delante de una asamblea (objetivo). Identifica los cinco puntos de este modelo para superar los temores que te impiden avanzar.

El modelo SCORE

Zona del problema	
Síntomas	Son todos los elementos visibles del problema, tus sensaciones.
Causas	Lo que alimenta los síntomas.

Zona del problema	
Objetivos	Se trata del estado deseado que sustituiría a los síntomas.
Recursos	Son todos los recursos internos y externos que permitirían alcanzar el objetivo, el estado deseado (formación, relación, puntos fuertes, etc.).
Efectos	Son los resultados a largo plazo (cualitativos y/o cuantitativos).

PARA IR MÁS ALLÁ

FUENTES BIBLIOGRÁFICAS

- André, Christophe. 2008. *Le guide de psychologie de la vie quotidienne*. París: Odile Jacob.
- D'Ansembourg, Thomas. 2001. *Cessez d'être gentil, soyez vrai! Être avec les autres en restant soi-même*. Montreal: Éditions de l'Homme.
- Auger, Lucien. 2004. *S'aider soi-même, une psychothérapie par la raison*. Montreal: Éditions de l'Homme.
- Cannio, Sylviane y Viviane Launer. 2014. *Cas de coaching commentés*. París: Éditions d'Organisation.
- Closon, Jean. 2012. *Maladresses Parentales, s'en sortir et ne pas reproduire*. Bélgica: ITEP Éditions.
- de Jonghe, Pierre-Jean. 2004. *De quelle vie voulez-vous être le héros? Tirer profit du passé pour réorganiser sa vie*. París: InterÉditions.
- Pascual, Sylvaine. s. f. "Connaissance de soi: Les messages contraignants". *Ithaque Coaching*. Consultado el 23 de marzo de 2017. http://www.ithaquecoaching. com/articles/connaissance-de-soi-les-messages-con- traignants-1577.html
- Stewart, Ian y Vann Joines. 2005. *Manuel d'analyse transactionnelle*. París: InterÉditions.

FUENTES COMPLEMENTARIAS

- D'Ansembourg, Thomas. 2004. *Être heureux n'est pas nécessairement confortable*. Montreal: Éditions de l'Homme.

- Damasio, Antonio. 1994. *L'erreur de Descartes (la raison des émotions)*. París: Odile Jacob.
- Fradin, Jacques. 2008. *L'intelligence du stress*. París: Eyrolles.
- Goleman, Daniel. 1999. *L'intelligence émotionnelle*, tomos 1 y 2. París: Robert Laffont.
- Guilane-Nachez, Erica. 1996. *Bien se connaître pour bien piloter sa vie*. París: InterÉditions.
- Kahler, Taibi. 1975. "Drivers, the key to the process script". *Transactional Analysis Journal*. Julio.
- Steiner, Claude. 1998. *L'ABC des émotions*. París: InterÉditions.

¡APRENDER NUNCA ANTES FUE TAN RÁPIDO!

www.en50minutos.es

ISBN ebook: 9782806295095

ISBN papel: 9782806295101

Depósito legal: D/2017/12603/147

Libro realizado por <u>Primento</u>, *el socio digital de los editores*